Tamara Villaverde

A
EURITMIA
DOS PRADOS:
Uma Coleção de Poemas
do Mundo Natural

NONSUCH MEDIA PTE. LTD.
SINGAPURA

ISBN: 978-1-954145-64-1
Primeira edição publicada em 2022

Título: A Euritmia dos Prados: Uma Coleção de Poemas do Mundo Natural

Autora: Tamara Villaverde

Editora: A. Lee

Design de Capa: Álvaro Oliveira para Nonsuch Media Pte. Ltd.

Execução Gráfica: Álvaro Oliveira para Nonsuch Media Pte. Ltd.

info@nonsuchmedia.com | www.nonsuchmedia.com

Índice

A Brisa Suave

A brisa suave traz
Descobertas novas ao planeta
Energia renovada.

A claridade do sol envia
Novos caminhos de proeza
Corações cheios de alento.

Uma lua cheia lá no sublime
Propaga tudo aquilo que não percebíamos
Segredos para encontrar.

Cada nova criação
É um enigma a ser desvendado
Uma caminhada de entusiasmo.

As Estrelas Cintilantes

Estrelas cintilando,
Fazendo o céu mover,
Brilhos no firmamento.

Estrelas radiosas,
Douradas e prateadas,
Luminosas no éter.

Em sua sobriedade,
Lançando luz de discernimento,
Brandindo em simetria.

Tremulações que luzem,
Enfeitiçando cada mirar,
Fantasias nas estrelinhas.

As Flores Campestres

A primavera está regressando,
As flores principiam a desabrochar,
São sublimes e aromáticas.

Existência e cor floreando,
Espertando para a beldade,
Júbilo intensificando.

Cores agradáveis e vibrantes,
Tesouros encantadores abertos,
Flores nos brindam.

Seus cheiros no ar,
Concebendo um mundo de feitiço,
Essência florida.

As Nuvens Carregadas

Nuvens alerta,
No céu farolizando,
Caladas e lindas.

Nuvens nos céus acima,
Certificando o começo da época,
Concebendo sua exclusiva narrativa.

Luminosidade dourada e branca,
Embrulhando o ar com os seus redores,
Criações mágicas e deslumbrantes.

Cores aprazíveis no céu,
Pairando pela brisa do vento,
Nuvens em moção.

A Neve Aveludada

Neve aveludada tombando,
Branquidão ocultando o mundo,
Emoções de inverno.

A neve esvoaçando no ar,
Como se envergando o solo de branco,
Serenidade e quietude.

Alvura das montanhas,
Deleitáveis flocos de algodão,
Melodia matinal.

Límpida beldade,
Cobrimento de neve no chão,
Palavra de genuinidade.

A Magia da Aurora Boreal

Aurora Boreal,
Fulgindo no céu noturno,
Resplendor inato.

Em tons de vermelho,
Brilhos oscilando pelo ar,
Divertimento de colorações sublimes.

Arco-íris no firmamento,
Suas luzências escorregando escuridão,
Os sigilos do cosmo.

Bolas reluzentes baloiçam,
Concebendo um poema de luminosidades,
Encantador e deslumbrante.

O Despertar da Primavera

Primavera desperta,
Existência que chega de mãos dadas,
Com o cântico dos pardais.

A primavera eleva-se,
Eco e oscilação loureira,
Alvorecendo o mundo.

Gomos de flores descerradas,
Vida e formosura florais transferindo,
Amenos murmúrios de magia.

Nova fé e expectativa,
A primavera nos presenteia,
Uma linda cantiga de querença.

O Verão Entre As Árvores

Verão em pleno resplendor,
Pigmentações e soalheira contentes,
Ondulações de contentamento.

Mélico calor chega,
Natureza em seu período revigorante,
Exultação e euritmia.

Radiações de sol cálidas,
Festejando a vida jovem,
O verão dá os agradecimentos.

Cores e ritmo,
Sopros de verão expelindo,
Inventando novas recordações.

O Outono na Montanha

Cores e perfume,
Outono chega ofuscante,
Natureza se requinta.

A aragem amena sopra,
As folhas desabam ao encontro do plano,
Produzindo um baile de cor.

Árvores revestidas de pigmentações,
Outono na terra entoando,
Uma serenata para a nossa consciência.

Vasilhas de magia,
A natura se renova,
Um lindo cântico de outono.

O Inverno Despido

Inverno gélido,
Brancas vistas de frialdade,
Caluda adorável.

Noites consteladas,
Vento arrefecido soprando prazerosamente,
Beleza cândida e cristalina.

Morcegos esvoaçando,
O inverno nos solicita a sentir,
A magia do universo.

Gelo e branquidão,
Cristalino universo congelado,
Um verso de silêncio.

O Vento Impactante

Sopros arejados do vento,
Encaminhando ruídos e mensagens
Animando o espírito.

O vento nos convida,
Segredando lira e beldade,
Soltando as nossas fantasias.

Asas de soberania,
Vento trazendo banda do éter,
Uma poesia de energia.

Exalações de exuberância,
Vento soprando ligeiramente no ar,
Jardim de satisfação.

A Natureza Fervorosa

Natureza divinal,
Cores e sons que nos enfeitiçam,
Beleza inextinguível.

Baile das chuvas transparentes,
Vento cochichando seus enigmas,
Natura nos reabastecendo.

Milhares de recados,
Esse universo nos ligando,
Natureza em todo o seu esplendor.

Vigor em circulação,
Inspirando-nos a existir,
Mexendo o globo com bem-querer.

As Deusas das Águas

Deusas das águas,
Segredo e beleza velha,
Vontades ocultas.

Deusas marítimas,
Ressonâncias de uma beleza envelhecida,
Enaltecem a alma náutica.

Enormes aptidões das vagas,
Refletem a dimensão do índigo,
Encaminhando profunda calma.

O Farol Rodeando de Rochas

Cintilando na escuridão,
Luz de farol aclara
Trazendo animo.

Farol isolado,
Ensombrando o mar agreste,
Luzindo as trevas.

Sua luz orienta as naus,
Para navegar nos oceanos,
E se libertar dos riscos.

Atenuando o temor,
Luz de farol bendita,
Aclara a ilusão.

As Cascatas Poderosas

Cascata de poder,
Águas frescas despencando
Enfeitiçando os olhares.

Cascata luarejada,
Um elegante aparato,
Criação em sintonia.

Milhares de pingas vivas,
Resvalando com ligeireza,
Espelhando o sol.

Escudete das serras,
Símbolo de poder genuíno,
Cascata poderosa.

As Árvores em Comunhão

Os ramos arboriformes
Apalpam o céu azuláceo,
Árvore se eleva.

Incógnitas do bosque,
Música dos ventos murmura em meus ouvidos,
Faíscas de sol luzem.

Faces se fechando,
Amigos vivendo nas penumbras,
Astros brilhando.

Os galhos áureos
Espelhando o sol poente,
Árvore se levanta.

As Árvores Futuristas

Lógica viva,
Árvores futuristas cá.
Ventosidades sussurrando.

Raízes se conectam,
Numerosas frações da realidade.
Sensatos ensinamentos.

Mãos ao céu, preces,
Espírito boia sobre as árvores.
Alma é bendita.

Sortilégio da criação,
Em uníssono com uma tocadela de paixão.
Árvores futuristas.

As Pedras no Caminho

Pedras envelhecidas,
Sublimes no luar radioso,
Perpétuo sussurro.

Pedras das épocas arcaicas,
Andando sobre elas,
A narrativa se divulga.

De onde chegaram, quem as usou?
Obsoletos sinais deixados
Por linhagens que partiram.

Pedras isoladas,
Desvendam o seu segredo,
Zelando a reminiscência.

As Dunas Devaneiam-se

Nas dunas queimadas,
O vento assopra o seu cântico,
Uma cantiga eterniza.

Moções infatigáveis,
Espalha areia fina,
Concebendo novos formatos.

Poéticas montanhas,
Brilham com a luz do resplendor,
A quimera de um deserto.

Entoando os seus mistérios,
As dunas pronunciam em silêncio,
Num sagrado verso.

As Gaivotas Agitadas

As gaivotas esvoaçam,
Em radiosas criações negras,
Estética exultação na atmosfera.

Voando supremo e distante,
Expõem as suas histórias,
Sobre o porvir próximo.

Glórias de emancipação,
Suas asas enlaçam o éter,
Dição da natureza.

Cantos de satisfação,
Encaminham as gaivotas nas alturas,
Heroicas musas.

A Praia Tropical Calorosa

Praia tropical,
Cantos de borboletas amarelas,
Fulgor da imensidade calma.

Areias auricolores,
Sinuosidade tranquilizante,
Recordações imortalizadas.

Frutos tropicais,
Aromas de paladar deleitável,
Doce para experimentar.

Quentura do sol ardente,
Desta terra deslumbrante,
Amor e prazer.

Os Cogumelos da Floresta

Cogumelos coloridos,
No seu habitat de musgo verde,
O feitiço acelerando.

Luz dos candelabros,
Invulgares formas luminosas,
Falas mágicas caladas.

Misteriosos segredos,
Raras belezas naturais,
A vida nas sombras.

Nutrindo a terra,
Cogumelos envelhecidos e jovens,
Robustez da criação.

A Maravilhosa Baía

A Baía de mistérios,
Brilhante e mágica luminosidade,
Noite de desejos pintados.

Montões verdes,
Cintilam com os reflexos do mar,
Rios sossegados nascendo.

Contos ancestrais,
Se encobrem entre as funduras,
O enigma de outrora.

Expedições à essência,
As cavernas e grutas são espectadores,
Da história milenar.

As Ondas Vigorosas

Ondas apelantes,
Aragem salgada brilhando azul,
A magia da vastidão.

Trova das gaivotas,
Leva o espírito de volta à vida,
Misticismo em movimento.

Algas acolhidas,
Onde murmuram mistérios de exaltação,
A sua melodia perpetua.

Cristais no ambiente poente,
Baila ao longo da costa hospitaleira,
Uma autêntica poesia.

A Encosta

Encosta oceânica,
Verdes bosques ao longe,
Doce sopro do mar.

Imensidade penetrante,
Pântanos serenos descansam,
Beldade e calma.

Costa marítima,
Vista de quietude,
Devaneios mareando.

Conchas e cascalhos brancos,
Calmaria no mar,
Ilusão à deriva.

O Barco de Cauda Relaxante

Ao sol, veleiro
Acelerando do horizonte
Por ondulações imensas.

Embarcação à vela no oceano
Cauda parada na água limpa
Belos instantes de serenidade.

O remador a vogar
Procura o seu fado genuíno
Por veredas abertas.

No oceano farto
A barco depara abrigo
Sob a luz do luar.

A Praia Isolada

Branca areia arrefecida,
Ondas luzindo ao luar,
Praia isolada.

Silêncio profundo aqui,
Unicamente o vento e as gaivotas,
A cantar suas melodias.

Céu constelado à noite,
Colorindo de prata a água,
Esse panorama transcendente.

O som das ondas cascando,
Gerando um lindo contraponto,
Com o sussurro do mar.

A Perfeição dos Corais

A coralina perfeita
Vem de seus tons diversos
Deslumbramentos à vista.

Seu primor único
Contra a flamância do brilho luar
Ritmo das águas.

Fôlego e sedução
Dos corais que na essência habitam
Resplendores para investigar.

Seus frágeis ramos
Ao luar refletem as centelhas
Fascinando por completo.

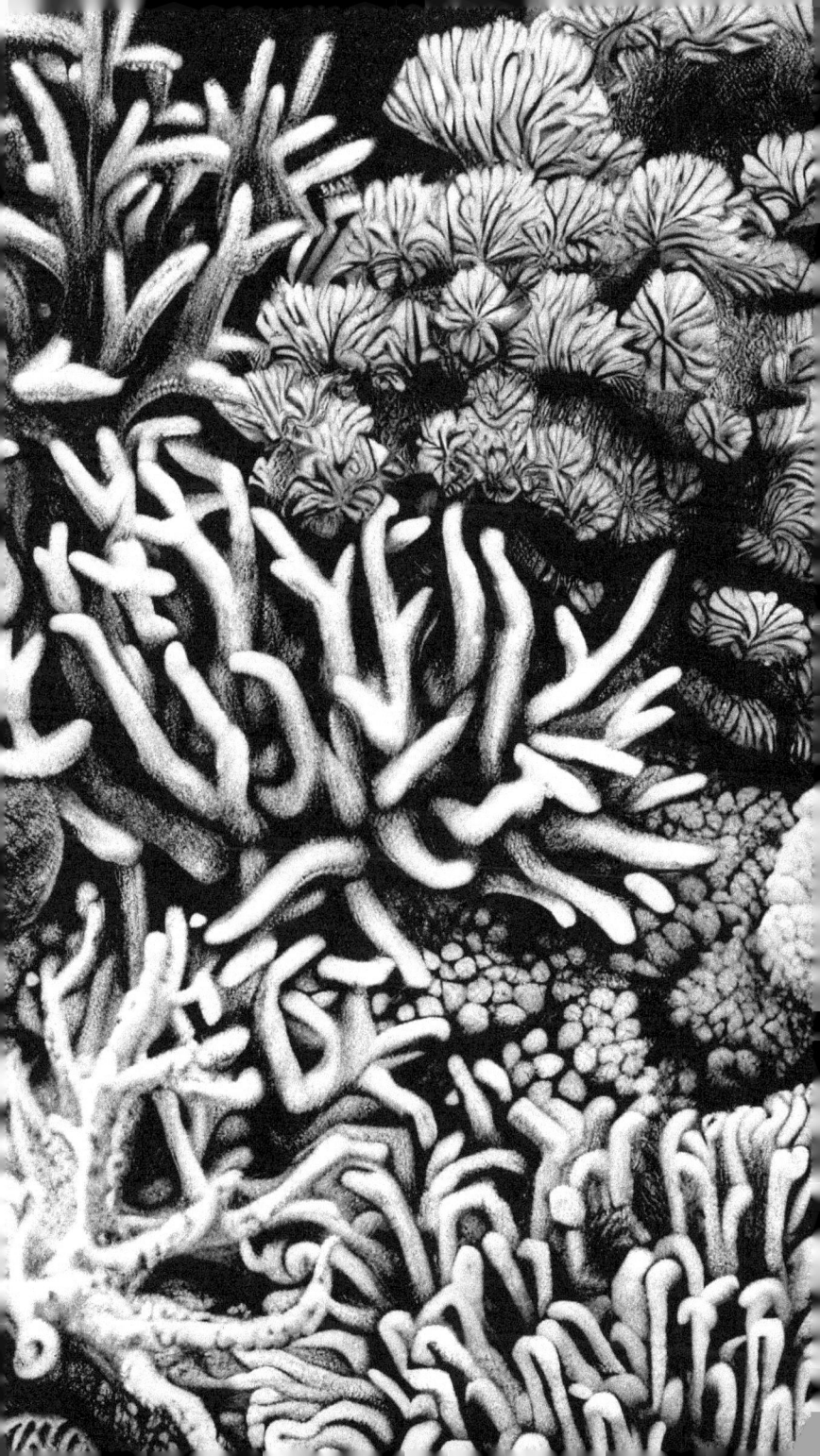

A Robustez da Água

Água vigente e robusta,
Vigor que desloca a terra,
Energia revigorante extraordinária.

Água oculta,
Penetrante e secreta,
Coerência de existência.

Robustez da natureza,
Incansável e forte,
Pelo período vitalizador.

Pujança tonificante que brota,
Em uma dança imortal,
Sempre se repetindo.

A Flor de Lótus no Lago

Suas pétalas são suaves como seda
Luzindo com seus tons brilhantes
Nos preenche de penetrante sentimento.

Sobre a água, ela cresce
Recordando que o amor é fundamental
Existência e felicidade em plenitude.

Raios de sol vêm acalorar
Suas pétalas finas e pacificas
Trazendo alegria e naturalidade.

O lótus é uma flor venerável
Que significa renovação e convalescença
Bendições que veem do supremo.

O Riacho Cheio de Vida

O riacho cheio de vida
Cruza correndo plácido e tranquilo
Graciosidade natural iminente.

Seus choros são cristalinos
Transportando consigo comoção e exultação
Recanto dos meninos.

Reflete o azul céu
Refletindo o Universo dos desejos
Transmovendo-nos lá.

O riacho nos une
Com a disposição da natureza
Fortificante carinho.

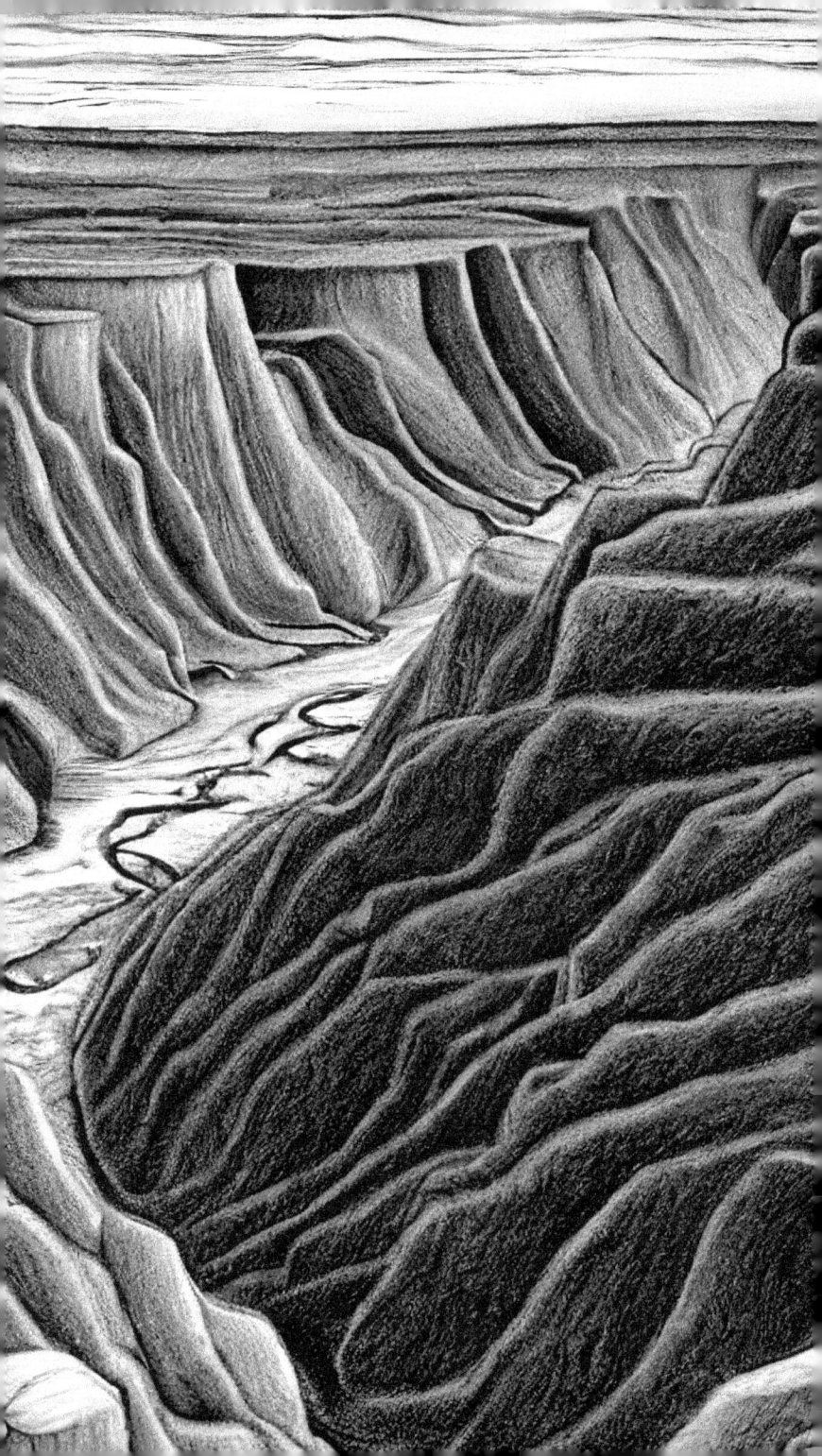

A Gruta Secreta

Nas funduras da gruta
Tantos enigmas arrecadados
Incessantemente ocultos.

Estalactites suspensas no teto
Reluzentes, como joias luxuosas
Uma beldade secreta divulgada.

Solitude e escureza
Concebidos pelo homem sem compaixão
Secreta gruta profunda.

Penedos acinzentados planos e rasos
Ecos longínquos no teto elevado
Segredos reservados em silêncio.

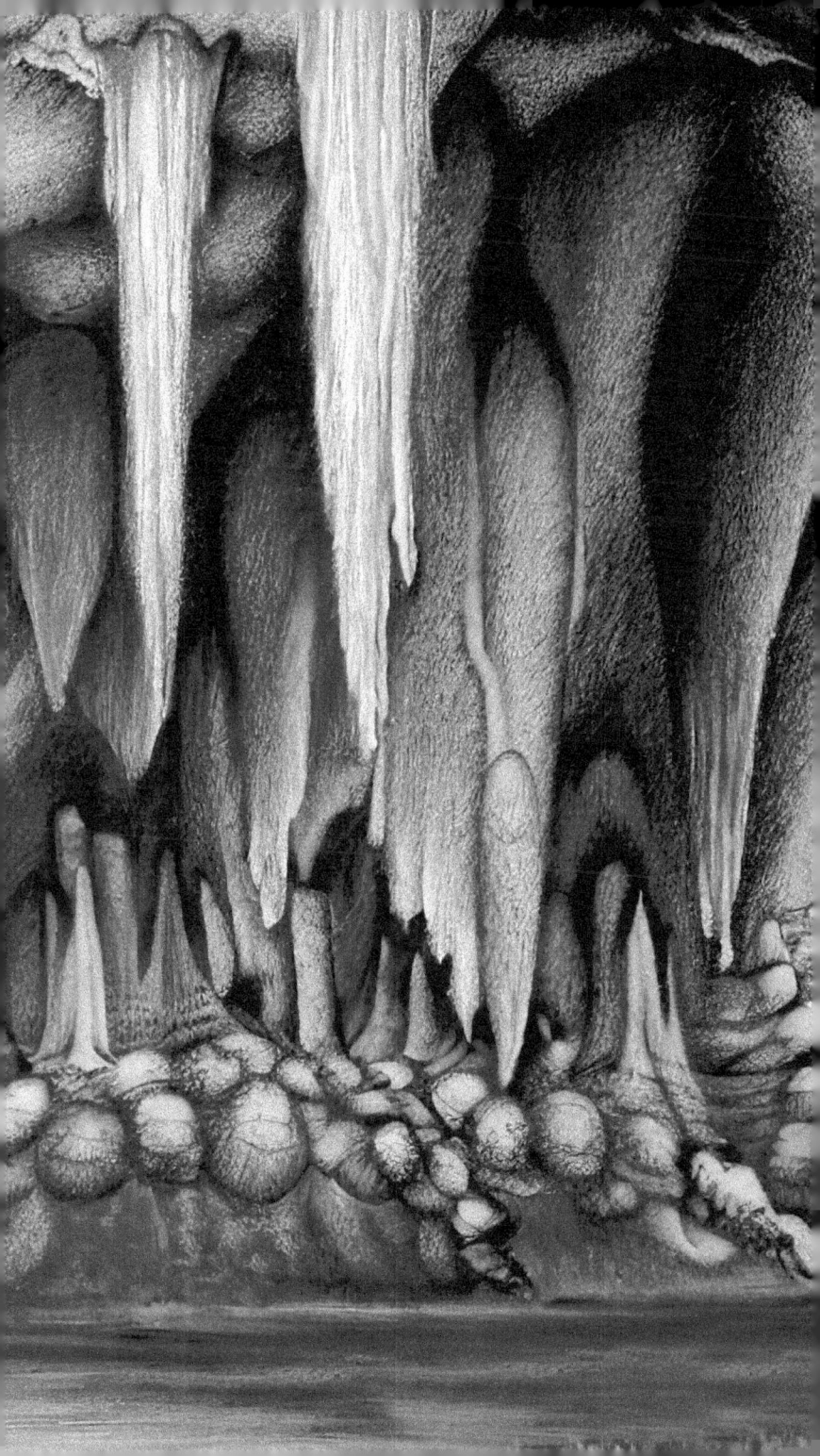

A Tempestade Aterradora

A tempestade bramindo,
Estrondos de trovões barulhentos,
Chuva escoando forte.

Ventos selvagens bafando,
Céus encobertos embrulhados na escuridade,
Natureza em distúrbio.

Trovão e relâmpago,
Bálsamo de terra molhada no ambiente,
Tudo dado às confusões.

Chuva tombando pesado,
Chuvisco esfriando o solo enxuto,
Lodos nos carreiros.

A Estalactite Ultimada

Cristal luminoso
No escuro do teto suspenso
Beleza enluarada.

Água esborrachando-se devagar
No teto glacial pendurada
Luz e cor radiantes.

Ascendendo as alturas enormes
Montanhas de estalactites
Aguardando a noite.

Derivando com a criação
Nas funduras das grutas
Espetáculo jamais visto.

www.ingramcontent.com/pod-product-compliance
Lightning Source LLC
Chambersburg PA
CBHW051551120626
46551CB00013B/1467